Vijay Kumar Joshi
Khushmeen Kaur

Melhoria dos serviços de saúde utilizando metadados

Vijay Kumar Joshi
Khushmeen Kaur

Melhoria dos serviços de saúde utilizando metadados

ScienciaScripts

Imprint

Any brand names and product names mentioned in this book are subject to trademark, brand or patent protection and are trademarks or registered trademarks of their respective holders. The use of brand names, product names, common names, trade names, product descriptions etc. even without a particular marking in this work is in no way to be construed to mean that such names may be regarded as unrestricted in respect of trademark and brand protection legislation and could thus be used by anyone.

Cover image: www.ingimage.com

This book is a translation from the original published under ISBN 978-620-4-20139-9.

Publisher:
Sciencia Scripts
is a trademark of
Dodo Books Indian Ocean Ltd. and OmniScriptum S.R.L publishing group

120 High Road, East Finchley, London, N2 9ED, United Kingdom
Str. Armeneasca 28/1, office 1, Chisinau MD-2012, Republic of Moldova, Europe
Managing Directors: Ieva Konstantinova, Victoria Ursu
info@omniscriptum.com

Printed at: see last page
ISBN: 978-620-3-47505-0

Índice

Resumo

No mundo atual, em rápido crescimento, analisámos fontes de dados distribuídas que publicam até gigabytes de dados todos os dias, acumulando ao longo de vários meses até à escala dos terabytes. Isto levanta o desafio de como armazenar de forma eficiente estes conjuntos de dados distribuídos, tanto em caches de trabalho para acesso rápido em tempo real como em formas arquivadas que podem ser reinstaladas para análise de dados offline. Neste documento, apresentamos os serviços de processamento necessários para aceder a vários conjuntos de dados em simultâneo para produzir resultados inteligentes de fusão de dados, que são posteriormente disponibilizados aos decisores em tempo real. Uma vez que é difícil analisar todos os resultados de forma eficiente, temos de encontrar uma solução para tornar o processamento mais rápido e mais eficiente. Neste caso, estamos a conceber um método que utiliza metatags para reduzir o tempo de processamento e a carga dos sistemas existentes. Os metatags definem basicamente os vários atributos dos ficheiros de dados e dão-nos opções de acesso aos ficheiros com base na seleção dos atributos. No sistema proposto, a semântica leve e a semântica pesada estão a ser separadas com base no tamanho. Os ficheiros de tamanho superior a 10 são adicionados à lista de peso pesado e os ficheiros de tamanho inferior a 10 são adicionados à lista de peso leve. O nosso principal objetivo é utilizar um classificador para grandes volumes de dados utilizando uma abordagem de metadados para melhorar o tempo de processamento e a eficiência do tratamento da carga.

Capítulo 1. Introdução

Introdução à análise de grandes volumes de dados

A investigação de informações enormes é o lugar onde as estratégias expositivas progredidas trabalham em enormes índices informativos. Posteriormente, a investigação de informações enormes é realmente em torno de duas coisas - informações enormes e exame - além de como os dois colaboraram para fazer um destaque entre os padrões mais significativos no conhecimento de negócios (BI) hoje.

Está em curso uma grande insurreição de informação nos serviços médicos. A começar pelo incompreensível aumento da oferta de dados. Ao longo da última década, as organizações farmacêuticas têm vindo a acumular anos de informação de trabalho inovador em bases de dados terapêuticas, enquanto os pagadores e fornecedores digitalizaram os seus registos de pacientes. Entretanto, o governo dos EUA e outros parceiros abertos têm vindo a abrir os seus enormes armazéns de dados de segurança social, incluindo informações de ensaios clínicos e dados sobre doentes protegidos por programas de proteção aberta. Paralelamente, os últimos avanços especializados tornaram menos exigente a recolha e a dissecação de dados de numerosas fontes - uma vantagem notável na segurança social, uma vez que a informação relativa a um único doente pode ter origem em diferentes entidades pagadoras, centros de saúde, centros de investigação e locais de trabalho dos médicos.

Embora as despesas com serviços médicos possam ser vitais na enorme ascensão da informação, os padrões clínicos também assumem um papel. Os médicos têm geralmente utilizado o seu discernimento quando decidem sobre as escolhas de tratamento, mas nos últimos anos tem havido um impulso no sentido de confirmar a medicação baseada, o que inclui investigar deliberadamente a informação clínica e decidir sobre as escolhas de tratamento tendo em conta os melhores dados acessíveis. Reunir colecções de informação singulares em enormes cálculos de informação fornece frequentemente a prova mais poderosa [28].

Apesar de o sector da segurança social ter ficado para trás em áreas como o comércio a retalho e a poupança de dinheiro na utilização de informação de grande dimensão - inteiramente devido a preocupações com o sigilo dos doentes - poderá em breve recuperar o tempo perdido. Em primeiro lugar na informação, o círculo está a conseguir resultados positivos, o que está a levar outros parceiros a darem um passo, com receio de serem abandonados. Estas melhorias são encorajadoras, mas também levantam uma questão crítica: o sector dos serviços humanos está preparado para captar a capacidade máxima da enorme informação, ou existem desvios que dificultam a sua utilização?

Definição de Big Data através dos três V's

A informação enorme não se refere apenas ao volume de informação. A maioria dos significados de informação enorme concentra-se na extensão da informação. A medida é importante, mas existem outras qualidades críticas da grande informação, nomeadamente a variedade e a velocidade da informação. Os três V's da grande informação (volume, variedade e velocidade) constituem uma definição completa e acabam com o mito de que a grande informação se resume ao volume de informação. Além disso, cada um dos três V's tem as suas próprias ramificações para a análise [27].

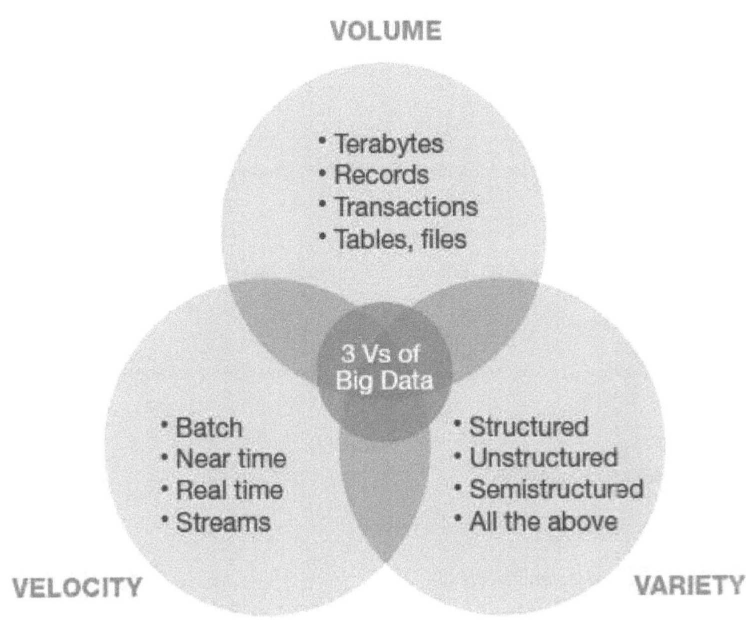

Fig. 1.1: Os três vs. do big data

Caraterísticas

As grandes estatísticas podem ser definidas com a ajuda das seguintes caraterísticas:

1. **Volume:** a quantidade de factos gerados e guardados. A escala das estatísticas determina o valor e a capacidade de perceção - e se podem ou não ser considerados factos enormes ou já não.

2. **Variedade:** o tipo e a natureza das estatísticas. Isto facilita às pessoas que as analisam a utilização efectiva dos conhecimentos resultantes.

3. **Velocidade:** neste contexto, a velocidade a que os factos são gerados e processados para satisfazer as exigências e os desafios que se colocam na rota do crescimento e do desenvolvimento.

4. **Variabilidade:** A inconsistência do conjunto de registos pode impedir os métodos de tratamento e gestão.

5. **Veracidade:** A qualidade da informação captada pode variar muito, afectando a precisão da análise.

As unidades de fabrico e os sistemas cibernéticos corporais podem também ter um sistema 6C:

- Ligação (sensor e redes)
- Nuvem (computação e registos a pedido)
- Cyber (modelo e reminiscência)
- conteúdo/contexto (significado e correlação)
- comunidade (partilha e colaboração)
- Personalização (personalização e custo)

Os registos têm de ser processados com equipamento superior (analítica e algoritmos) para mostrar factos significativos. Por exemplo, para manipular uma instalação de fabrico, não se deve esquecer todos os problemas visíveis e invisíveis com diversos componentes. Os algoritmos de geração de estatísticas devem encontrar e resolver os problemas invisíveis, incluindo a degradação das máquinas, o desgaste das coisas, etc. [26].

Eficiência no tratamento da carga: Para uma estrutura de colocação de dados, a eficiência do tratamento da carga (o tempo necessário para carregar os dados no sistema e o tempo de processamento para obter os resultados desejados) é um fator importante para as operações diárias na análise de grandes volumes de dados. Reduzir este tempo de processamento é fundamental, uma vez que os Terabytes (TBs) de dados têm de ser carregados diariamente para os armazenamentos ou nuvens . Os centros de dados modernos podem tirar partido da virtualização para fornecer tratamento de carga excessiva, colocação oportunista de tarefas ou mesmo computação paralela.

Classificação dos grandes volumes de dados:-.

Dados estruturados

1. Feito

A informação produzida é muito recente; as organizações de informação produzem-na deliberadamente, na sua maior parte para fins de levantamento estatístico. Isto pode incluir análises de clientes ou reuniões de centros. Também incorpora técnicas mais actuais de inquirição, por exemplo, criar um programa de dedicação que reúna dados de compradores ou pedir aos clientes que façam um registo e um login enquanto fazem compras na Web.

2.

Um artigo da Forbes caracterizava a informação incitada como "dar aos indivíduos a oportunidade de expressarem as suas perspectivas". Sempre que um cliente classifica um restaurante, um trabalhador, um conhecimento adquirido ou um artigo, está a produzir informação incitada. Os destinos de classificação, por exemplo, o Yelp, também criam este tipo de informação.

3. Executado

A informação baseada no valor é também genuinamente óbvia. As organizações recolhem informações sobre cada troca efectuada; independentemente de a compra ser efectuada através de um cesto de compras na Internet ou na loja, na lista de dinheiro. As organizações recolhem igualmente informações sobre os meios que levam a uma compra na Web. Por exemplo, um cliente pode tocar num anúncio assinalado que o conduz às páginas do artigo, o que, nessa altura, leva a uma compra.

Conforme esclarecido no artigo da Forbes, "A informação executada é uma abordagem capaz de ver exatamente o que foi comprado, onde foi comprado e quando. Coordenando este tipo de informação com outros dados, por exemplo, o clima seria capaz de significativamente mais bits de conhecimento. (Apercebemo-nos de que as pessoas compram mais Pop-Tarts no Walmart quando se prevê uma tempestade).

4. Montado

As informações reunidas são bases de dados gigantescas de informações recolhidas sobre cada unidade familiar dos EUA. Organizações como a Acxiom reúnem dados sobre coisas como avaliações FICO, área, socioeconomia, compras e automóveis alistados, aos quais as organizações de apresentação podem aceder para obter informações suplementares sobre os clientes.

5. Julgamento

A informação experimental é criada quando as organizações exploram diferentes vias relativamente a diversas peças de apresentação e mensagens para ver quais são as melhores para os compradores. De igual modo, pode considerar a informação exploratória como uma mistura de informação produzida e baseada em valores.

Dados não estruturados

Os indivíduos no mundo dos negócios estão, em geral, excecionalmente familiarizados com os tipos de informação organizada mencionados acima. Seja como for, a informação não estruturada é um pouco menos comum, não pelo facto de haver menos, mas antes de surgirem inovações como o NoSQL e o Hadoop, não era possível lidar com informação não estruturada. Na verdade, a maior parte da informação que está a ser produzida atualmente é não estruturada. A informação não estruturada, como o nome indica, precisa de estrutura. Não pode ser acumulada com base em instantâneos, compras ou uma etiqueta normalizada, por isso, o que é exatamente?

6. Apanhado

A informação capturada é feita ativamente devido à conduta de um homem. Cada vez que alguém introduz um termo de pesquisa no Google, essa é uma informação que pode ser captada para benefício futuro. A informação GPS nos nossos telemóveis é outro caso de informação latente que pode ser captada com enormes inovações informáticas.

7. Cliente produzido

A informação produzida pelo cliente compreende a maior parte da informação que as pessoas estão a colocar na Internet de forma consistente. Desde tweets a publicações no Facebook, passando por comentários em notícias, até gravações no YouTube, as pessoas estão a produzir uma enorme quantidade de informação que as organizações utilizariam para poderem direcionar melhor as compras e obter opiniões sobre os artigos.

Metadados

Os metadados são informações que retratam outras informações. Meta é um prefixo que, na maioria das utilizações de inovação de dados, significa "uma definição ou representação fundamental". Os metadados descrevem dados fundamentais sobre a informação, o que tornaria menos difícil encontrar e trabalhar com ocorrências específicas de informação. Por exemplo, o criador, a data de criação, a data de alteração e a estimativa do registo são casos de metadados de relatórios excecionalmente fundamentais. A possibilidade de canalizar esses metadados torna muito mais simples para alguém encontrar um determinado relatório.

Capítulo 2. Revisão da literatura

J. Sun et.al [1] apresentaram os atributos e os desafios de extração relacionados com a gestão de informação terapêutica de grande dimensão. Uma grande parte desses conhecimentos provém do grupo da informática médica, que é excecionalmente identificado com a extração de informação, mas que se concentra nas especificidades biomédicas. Foram revistos diferentes artigos relacionados com a mineração de informação e, além disso, cenas de informática terapêutica para transmitir ao grupo de espectadores as principais questões e padrões na investigação de serviços medicinais, com várias aplicações que se estendem desde a mineração de conteúdo clínico, exibição presciente, exame de sobrevivência, compreensão da semelhança, exame de informação hereditária e bem-estar geral. O exercício de instrução incorporará algumas análises contextuais que gerenciam uma parte das aplicações vitais de seguro social.

A. Looker et.al [2] falaram sobre algumas destas dificuldades reais, com ênfase em três áreas promissoras e emergentes da investigação medicinal: imagem, bandeira e exame baseado na genómica. Fala-se de uma investigação tardia que visa a utilização de volumes substanciais de informação médica e a consolidação de informação multimodal proveniente de fontes diferentes. São igualmente analisadas as potenciais regiões de investigação neste domínio que podem ter um efeito importante no transporte de serviços medicinais.

W. Raghupathi et.al [3] descreveu o campo inicial da investigação de informação enorme em serviços medicinais, fala sobre as vantagens, traça uma estrutura e um sistema de conceção, retrata casos revelados na escrita, examina rapidamente as dificuldades e oferece conclusões.

D. W. Bates et.al [4] exibiu seis casos de utilização - ou seja, casos-chave - onde uma parte das aberturas mais claras existem para diminuir os custos usando informacões enormes: pacientes de alto custo, readmissões, triagem, descompensação (quando a condição de um paciente se agrava), ocasiões desfavoráveis e avanço do tratamento para infecções que influenciam diferentes estruturas de órgãos. Examinaram os tipos de conhecimentos que provavelmente surgirão dos exames clínicos, os tipos de informação esperados para obter esses conhecimentos e a base - investigação, cálculos, registos, pontuações de avaliação, dispositivos de verificação, etc. - que as associações devem utilizar para realizar os exames essenciais e executar mudanças que melhorarão a mente e diminuirão as despesas. As suas descobertas têm sugestões de arranjos para a supervisão administrativa, abordagens para tratar de questões de proteção e o apoio à investigação sobre o inquérito.

J. Archenaa et.al [5] deram a conhecer como se pode revelar um incentivo extra a partir da informação produzida pelos serviços médicos e pelo governo. Uma quantidade substancial de informação heterogénea é produzida por estas organizações. Seja como for, sem estratégias de investigação de informação adequadas, esta informação acaba por ser simplesmente inútil. O Enormous Data Analytics utilizando o Hadoop assume um papel importante na realização de um exame contínuo importante sobre o imenso volume de informação e está pronto para antecipar as circunstâncias de crise antes que ela aconteça. O artigo retrata os casos de utilização de grandes volumes de informação nos serviços humanos e na administração pública.

P. Raj et.al [6] aprenderam sobre os diferentes componentes do mercado que influenciam o seguro social e como uma enorme informação e investigação ajudariam a conseguir um incentivo a partir da informação. Investigaram verdades intrigantes sobre diferentes selecções de inovação, como o IBM Watson, e o modo como estas novas recepções de inovação assumem um papel fundamental na melhoria da natureza dos cuidados.

R. Nambiar et.al [7] apresentou um diagrama de Big Data, a sua relevância para os serviços humanos, uma parte do trabalho realizado até à data e um ponto de vista futuro sobre a forma como a análise de Big Data pode melhorar a qualidade geral dos quadros de segurança social.

Marion Blount et.al [8] apresentam uma fase adaptável ao exame em linha constante dos fluxos de informação dos doentes para identificar condições medicamente dignas de nota que precedem o início das dificuldades de recuperação. A fase baseia-se na revelação de informação mecanizada ou orientada pelo médico para encontrar novas ligações entre ocasiões de fluxo de informação fisiológica e condições de recuperação inactivas e também para aperfeiçoar a investigação existente. Os pacientes se beneficiam da estrutura devido ao fato de que o reconhecimento prévio das indicações das condições medicinais pode levar a uma intervenção prévia que pode possivelmente levar a resultados aprimorados do paciente e diminuir o tempo de permanência. O clínico lucra com um dispositivo de reforço de escolha que dá compreensão a vários surtos de informação que são excessivamente volumosos, tornando impossível o levantamento com estratégias convencionais. O resto deste artigo descreve as qualidades da sua cooperação de exploração e a condição subsequente conhecida como Artemis, que está neste momento a ser guiada dentro da UCIN do Hospital para Crianças Doentes (Sick Kids) em Toronto, Ontário, Canadá. Apesar do facto de o intercâmbio neste artigo se concentrar numa UCIN, os avanços podem ser associados a qualquer estado de saúde grave.

Marion Blountet.al [9] apresentam o resumo de um exame de raridade antiga numa unidade de emergência neonatal terciária, um estabelecimento médico para crianças, onde está a ser conduzido um quadro de investigação constante como uma caraterística de uma investigação clínica. Utilizaram os dados reunidos identificando o modo de ocorrência destas ocasiões e propuseram um sistema para incorporar continuamente as ocasiões de raridade antiga com os resultados explicativos.

Manoj K. Garget.al [10] apresenta um resumo do que há de melhor na sua classe em termos de esboço e aperfeiçoamento de estratégias de conglomeração, manuseamento, investigação e recuperação de fluxos de informação organizados por sensores corporais. Especificamente, concentrar-se-ão em estratégias de investigação de fluxos multi-modulares, em situações de dispersão e de obrigação de recursos, para aplicações de segurança social em curso. Retratarão os desafios de investigação relacionados, que vão desde a definição de novas aplicações e cálculos de extração até questões de enquadramento de ajustamento de activos, qualidade inabalável, etc., e o ponto de cruzamento destes. De igual modo, mostrarão as organizações e as utilizações em desenvolvimento dos sistemas de sensores corporais, tanto em serviços medicinais singulares como em aplicações para o acompanhamento do bem-estar geral de grupos em grande escala. Terminarão com um resumo das dificuldades em aberto neste domínio.

L. Duan et.al [11] propuseram utilizar as relações entre as descobertas de enfermagem, os resultados e os medicamentos para criar uma estrutura de recomendação para o desenvolvimento de planos de cuidados de enfermagem. No presente estudo, utilizaram informações sobre a determinação dos cuidados de enfermagem para construir a técnica. A sua estrutura usa uma estrutura de árvore de prefixo básica na mineração de conjunto de itens para construir um resumo posicionado de coisas propostas de arranjo mental à luz de coisas previamente inseridas. Não se assemelham de modo algum a estruturas empresariais básicas, pois a sua estrutura faz propostas sucessivas à luz da associação de clientes, alterando um resumo posicionado de coisas recomendadas em cada progressão no desenvolvimento de arranjos mentais. Classificam as coisas tendo em conta as medidas convencionais de controlo da afiliação, por exemplo, o apoio e a certeza, e uma nova medida que prevê quais as escolhas que podem melhorar a natureza das classificações futuras. Uma vez que a natureza multi-passos das suas propostas apresenta problemas para as medidas de avaliação habituais, apresentam adicionalmente outra técnica de avaliação tendo em conta a posição de posicionamento normal e utilizam-na para testar a adequação de vários procedimentos de sugestão.

Ping Jiang et.al [12] examinaram uma estrutura de sensores vestíveis com um encaminhador de informação inteligente. O encaminhador recebe um modelo oculto de Markov para reconhecimento da conduta humana. O hashing delicado da região é proposto como um instrumento produtivo para aprender desenhos de sensores. É atualizado um modelo para analisar os estados de bem-estar de clientes dispersos. É demonstrado que os encaminhadores experientes podem fornecer aos sensores remotos a consciência da configuração. Estes transmitem apenas dados imperativos para o grande servidor de informação para análise quando ocorrem determinadas práticas e abstêm-se de uma correspondência avassaladora e da acumulação de informação. As capacidades do quadro são subtis, ao mesmo tempo que dão aos clientes a verdadeira serenidade na informação de que a sua segurança está a ser observada e investigada.

Arijit Mukherjee et.al [13] investigaram os padrões crescentes nos sistemas de informação ubíquos para os cuidados de saúde, centrando-se na utilização de estratégias de exame para agrupar os doentes em grupos comparáveis, ou para tratar a informação que se espalha para distinguir condições médicas invulgares tão atempadamente quanto possível. Tendo em conta a amplitude da população e, consequentemente, o volume de informação, existem algumas dificuldades estruturais, por exemplo, a adaptabilidade e a acessibilidade das fases e o apoio ao tratamento de "informação enorme". Os autores tentam descrever a forma como estas questões foram tratadas e se as disposições são suficientes ou não.

Sandra S. Liu et.al [14] apresentou como utilizar métodos de mineração de informação para distinguir fragmentos tolerantes no que diz respeito a inclinações para propriedades de serviços medicinais e seus atributos estatísticos. A informação foi obtida de varias pessoas que se internaram num sistema de bem-estar em 2006. A extração de informação e o agrupamento tradicional de vários níveis com métodos de ligação normal e de relação de Pearson são utilizados e contrastados para demonstrar como cada sistema decide melhor os factores de divisão. Os aparelhos de extração de informação reconheceram três porções diferenciáveis por métodos de investigação de grupos. Esses três grupos têm perfis estatísticos essencialmente extraordinários. No ponto em que as estratégias factuais contrastadas e habituais, essa mineração de informações fornece um dispositivo produtivo e poderoso para a divisão de anúncios. No momento em que há vários fatores de grupo incluídos, especialistas e especialistas precisam fundir considerar a investigação para diminuir os fatores para compreender os grupos de forma inequívoca e séria.

Asuman Dogac et.al [15] apresentaram um gabinete de consulta GUI e mostram como as estratégias de eliminação, por eles apresentadas, fazem com que a ajuda semântica ultrapasse o que está atualmente acessível nos registos ebXML. De igual modo, mostraram como é possível recuperar informações de exemplo de estruturas de dados clínicos utilizando administrações Web ebXML. Um exame da inovação de benefícios da

Web com a estrutura de informação ebXML é apresentado para legitimar as motivações para a utilização de administrações da Web.

Magnus Bang et.al [16] estudaram peritos em serviços médicos numa sala de crise e criaram o NOSTOS, um sistema alargado para PC, para ajudar à cooperação nesse contexto. O NOSTOS utiliza canetas avançadas e suportes em papel como interface de informação essencial para a recolha de informação e como método de controlo da estrutura. O NOSTOS incorpora igualmente uma área de trabalho computorizada, apresentações e inovação de sensores que permitem à estrutura seguir arquivos e exercícios no ambiente de trabalho. Eles propuseram um arranjo de pré-requisitos e falam sobre a estimativa de UIs inconfundíveis para professores de serviços medicinais. Os seus resultados propõem que as principais necessidades são a adaptabilidade no que diz respeito ao uso da estrutura e a incorporação consistente entre as partes informatizadas e físicas. Além disso, falaram sobre como abordagens de figuração omnipresentes como o NOSTOS podem ser úteis no ambiente de trabalho terapêutico

Alessandra Toninelli et.al [17] propuseram um sistema de revelação segura com base na semântica para sistemas portáteis de prestação de serviços humanos, que utiliza metadados semânticos (perfis e estratégias) para permitir uma procura/recuperação adaptável e segura da administração. Como componente essencial, a sua abordagem incorpora funcionalidades de controlo no interior da estrutura de revelação para fornecer aos clientes perspectivas separadas sobre as administrações acessíveis, tendo em conta os pré-requisitos de acesso à administração e as certificações de segurança dos clientes

Joachim Bergmann et.al [18] apresentaram neste documento um estudo das abordagens de conceção para registos de bem-estar partilhados e um modelo de engenharia para um

EHR virtual partilhado, que consolida uma estratégia de coordenação centrada no doente com uma administração de arquivos organizada pelo fornecedor. Um quadro de consentimento eletrónico garante que a entrada no registo comum permanece sob o controlo do doente. Foi criado um modelo de quadro de comparação que está a ser apresentado e avaliado num contexto local

Uma Srinivasan et.al [19] descreveram duas novas aplicações que utilizam informação de grande dimensão para reconhecer extorsão, manuseamento incorreto, desperdício e erros em reivindicações de cobertura médica, diminuindo assim os infortúnios intermitentes e encorajando a melhoria dos cuidados prestados aos pacientes. Os resultados demonstram que as anomalias identificadas com a utilização destas aplicações ajudam as lojas de cobertura médica privada a recuperar custos ocultos que não são discerníveis utilizando estruturas de preparação de troca. Este artigo é uma parte de uma edição única sobre a utilização de grandes informações e investigação empresarial.

Amir Gandomi et.al [20] salientou a necessidade de criar técnicas científicas adequadas e competentes para utilizar volumes gigantescos de informação heterogénea em posições de conteúdo não estruturado, som e vídeo. Este documento reforça igualmente a necessidade de conceber novos aparelhos para o exame presciente de informação enorme organizada. As técnicas mensuráveis foram concebidas para deduzir a partir de informações de teste. A heterogeneidade, a comoção e a enorme dimensão da enorme informação organizada requerem cálculos cada vez mais eficazes do ponto de vista computacional, que possam evitar o emaranhamento de informação enorme, por exemplo, a ligação espúria.

J. Archenaa et.al [21] dá uma ideia de como se pode revelar um incentivo extra a partir da informação produzida pelos serviços médicos e pelo governo. Estas organizações produzem uma quantidade substancial de informação heterogénea. Seja como for, sem estratégias legítimas de análise da informação, estas informações acabaram por se tornar inúteis. O Huge Data Analytics utilizando o Hadoop assume um papel poderoso na realização de um exame contínuo significativo sobre o gigantesco volume de informações e pronto para antecipar as circunstâncias de crise antes que elas aconteçam. O artigo retrata os enormes casos de utilização de informação na segurança social e na administração pública.

Nitesh V. Chawla et.al [22] apresentaram os estabelecimentos de trabalho que adoptam uma estratégia orientada para Big Data para serviços humanos personalizados, e mostram a sua materialidade para tolerar resultados focados, utilização significativa e taxas de reafirmação decrescentes.

Han Hu et.al [23] apresentaram uma visão geral da escrita e um exercício de instrução de enquadramento para fases de investigação de informação enorme, esperando dar uma imagem geral a utilizadores não especialistas e incutir uma alma de "faça-o-sem ajuda de ninguém" para grupos de espectadores de vanguarda alterarem os seus próprios arranjos de informação enorme. Em primeiro lugar, mostraram o significado de informação gigantesca e falaram sobre os desafios da informação gigantesca. Em seguida, apresentaram uma estrutura eficiente para decompor as estruturas de enorme informação em quatro módulos consecutivos, especificamente a era da informação, a segurança da informação, a acumulação de informação e a investigação da informação. Estes quatro módulos formam uma cadeia de estima de informação importante. Em seguida, eles introduziram uma visão geral detalhada de várias metodologias e sistemas de grupos de pesquisa e indústria. Da mesma forma, apresentaram o sistema Hadoop comum para responder aos enormes desafios da informação. Por último, apresentaram algumas referências de avaliação e potenciais linhas de investigação para estruturas de informação de grande dimensão.

Yin Zhang et.al [24] propuseram uma estrutura física digital para aplicações e administrações de serviços humanos orientados para a compreensão, designada Health-CPS, baseada na nuvem e em enormes avanços na análise da informação. Este quadro é composto por uma camada de acumulação de informação com uma norma reunida, uma camada de administração de informação para capacidade transportada e processamento paralelo, e uma camada de administração situada de informação. Os efeitos posteriores deste exame demonstram que os avanços da nuvem e da enorme informação podem ser utilizados para melhorar a execução do quadro de serviços medicinais, com o objetivo de que as pessoas possam então apreciar diferentes aplicações e administrações de serviços humanos inteligentes.

Omer Tene et.al [25] salientou a importância de proporcionar às pessoas o acesso à sua informação numa configuração utilizável. Isto dará às pessoas a oportunidade de partilharem a riqueza dos seus dados e incentivará os engenheiros a oferecerem componentes e aplicações do lado do cliente que permitam a estimativa de informações enormes. Nos casos em que o acesso singular à informação é impraticável, a informação será provavelmente desidentificada a um nível adequado para reduzir as preocupações com a proteção. Além disso, uma vez que, num grande mundo da informação, não são frequentemente as informações, mas sim as deduções delas retiradas que suscitam preocupações, as associações devem ser obrigadas a revelar os seus critérios de decisão.

Capítulo 3. Formulação do problema

Com o avanço mais recente no domínio da era dos dados e da Web, a quantidade de dados produzidos, preparados e armazenados está a tornar-se surpreendentemente enorme. Esta enorme quantidade de informação transmite dados imperativos que devem ser observados para melhorar o empreendimento ou a sociedade. O início da abertura destes registos irá aumentar a segurança da expansão e as disposições progressivas. Seja como for, uma vez que esta perceção funde realidades individuais complicadas dos indivíduos, a sua proteção tem de ser incorporada contra os inimigos. Os problemas de segurança e proteção da informação estão a desenvolver-se. O documento de base propõe uma conceção simples para uma enorme segurança social da informação, utilizando fontes abertas, incluindo Hadoop, Apache Storm, Kafka e NoSQL Cassandra. Os dispositivos de investigação convencionais revelaram-se amigáveis e simples. Quando se juntam a dispositivos e fases de melhoramento de fonte aberta, tornam-se em grande medida complexos, com programação séria, e exigem a utilização de uma variedade de aptidões. Além disso, os dispositivos de controlo para o exame da informação, por exemplo, a aprendizagem automática e a extração de informação podem ser utilizados para aumentar a eficácia da investigação da informação. Propomos a utilização de um classificador para informações enormes, utilizando a abordagem de metadados para melhorar o tempo de preparação e a carga, cuidando da produtividade.

Capítulo 4. Objectivos

1. Estudar o conceito de uma arquitetura genérica para a análise de grandes volumes de dados no domínio da saúde.

2. Implementar o conceito de arquitetura genérica (Modelo Matemático) para a análise de grandes volumes de dados de cuidados de saúde utilizando o MATLAB.

3. Implementar a técnica proposta para utilizar um classificador para big data através da abordagem de metadados para melhorar o tempo de processamento e a eficiência do manuseamento de cargas.

4. Gerar resultados e comparar os resultados da técnica anterior e da técnica proposta com base no tempo de processamento e na eficiência do manuseamento da carga.

Capítulo 5. Sobre a ferramenta

5.1 MATLAB™: A ferramenta utilizada para desenvolver o trabalho

O MATLAB™ é um software desenvolvido pela Mathworks® Inc. E significa Matrix Laboratory (Laboratório de Matrizes) porque foi concebido para facilitar o cálculo de matrizes. O sistema MATLAB™ permite ao utilizador efetuar cálculos, importar dados, exportar dados, gerir variáveis, desenvolver ficheiros para utilização com o MATLAB™ e gerar gráficos e outras representações visuais dos dados.

Fig. 5.1: Mostra o logótipo da ferramenta de desenvolvimento MATLAB

O MATLAB™ proporciona um ambiente muito interativo. Algumas das suas principais caraterísticas são:

1. Os comandos podem ser introduzidos e executados na janela de comandos do MATLAB™. Os resultados são apresentados e armazenados na memória, com a qual pode ser introduzido um segundo comando que utiliza resultados anteriores para calcular o novo resultado. Esta CLI simples ajuda a resolver problemas simples que podem ser resolvidos com alguns cálculos simples.

2. O MATLAB™ é desenvolvido numa linguagem de alto nível e interpreta os comandos do utilizador. É por isso que um programa quebra apenas quando uma linha é atingida em vez de quebrar inicialmente antes de ser executado.

3. Pode ser configurado um cenário de caso de utilização em que um programa é executado em resposta à entrada de um utilizador. Em seguida, apresenta o resultado e espera por mais dados.

4. Quando é introduzido um comando errado, é apresentada uma mensagem de erro. Um comando errado pode ser qualquer comando que não exista ou que não siga algumas regras, como o número de argumentos de entrada, etc.

5. O MATLAB™ faz distinção entre maiúsculas e minúsculas, pelo que "RAM" não é igual a "ram" no MATLAB™.

5.1.1 Ficheiros 'm' de script

Um ficheiro de script 'm' é um ficheiro de script MATLAB™. Consiste principalmente num conjunto de instruções MATLAB™ para executar uma tarefa processual. Ele pode ser executado diretamente digitando seu nome na interface de linha de comando do MATLAB™, mas deve estar presente no diretório atual ou no diretório global.

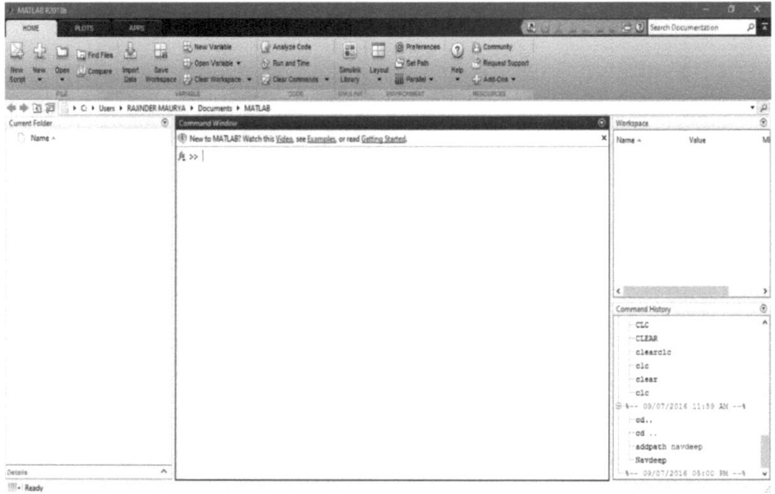

Fig. 5.2: Mostra a vista da janela de comando

Um ficheiro 'm' pode ser utilizado para executar tarefas sequenciais complicadas ou mesmo para criar uma função reutilizável.

1. Um ficheiro 'm' pode ser criado com qualquer editor de texto ASCII com uma extensão '.m'. Pode até utilizar-se o editor de ficheiros MATLAB™ para o mesmo, o que ajuda a realçar a sintaxe e a marcar os erros.

2. Quando um erro aparece, a execução do script é interrompida e uma mensagem de erro é exibida na CLI do MATLAB™. Este é o caso dos erros de tempo de execução.

3. Quando é encontrado um erro de sintaxe, o script não é executado e mostra uma mensagem de erro no MATLAB™ CLI.

4. O ficheiro 'm' do MATLAB™ fornece um conjunto completo de instruções para uma programação processual completa. É possível utilizar o looping, a ramificação, a chamada de funções, a definição de funções , a definição de variáveis, etc. Esta linguagem de programação é, no entanto, uma linguagem pouco tipada.

5. A linguagem 'm' do MATLAB™ é uma linguagem analisada.

5.1.2 Definição da função MATLAB™

Uma função MATLAB™ é um programa MATLAB™ que executa uma operação processual e pode ser utilizado como um ficheiro de uso geral para operar sobre um argumento de entrada. Embora uma função aceite zero ou mais argumentos, o que significa que uma função não precisa necessariamente de quaisquer argumentos e pode executar uma operação em dados codificados também. Uma função pode devolver zero ou mais variáveis e pode também gerar gráficos, reproduzir som, apresentar imagens ou vídeos, etc.

Fig. 5.3: Mostra exemplo de comandos escritos em MATLAB

A sintaxe para criar uma função MATLAB™ é:

$$function[output\_paramters] = function\_name(input\_parameter\_list)$$

Ou

$$functionfunction\_name(input\_parameter\_list)$$

Ou simplesmente

função nome_da_função()

Uma função pode ser terminada utilizando a declaração*end* no final, mas não é necessariamente necessário. Observe que*output_parameters* e*input_parameter_list* são opcionais para uma função MATLAB™, mas são usadas com mais frequência. Note também que*function_name* é uma string que é usada para chamar uma função. Pode ser qualquer coisa. Observe também que no MATLAB™, uma função é armazenada em um arquivo com o mesmo nome para ser usada por outros programas como uma função de uso geral. Por exemplo, se eles têm uma função chamada **cat** o nome do ficheiro onde esta função está armazenada deve ser *chamadocat. m* . Se um ficheiro contiver mais do que uma função, a função de ponto de entrada é a que tem o mesmo nome do próprio ficheiro.

5.1.3 Parâmetros de entrada e de saída

*input_parameter_list*E*output_parameter_list* são listas separadas por vírgulas de variáveis MATLAB™. Existe um padrão na programação do MATLAB™ que diz que as variáveis de entrada são assumidas como constantes e não devem ser alteradas por nenhuma declaração dentro da própria função. No entanto, programadores experientes sempre violam essa regra, pois é mais fácil usar o mesmo nome de variável em todo o código enquanto normalizam a variável de entrada pela própria declaração da função. No entanto, os principiantes devem manter esta regra, uma vez que é considerada uma boa prática assumir que a variável de entrada é constante e não deve ser alterada pelo próprio programa.

As variáveis de entrada e de saída podem ser escalares, vectores, matrizes, cadeias ou células ou lógicas. Embora, tal como mencionado anteriormente, o MATLAB™ seja uma linguagem pouco tipada e não distingue necessariamente entre tipos de variáveis até que seja necessário numa instrução que pode ser aritmética ou lógica. É aqui que a normalização da entrada é realmente útil. Uma vez que se pode colocar um vetor como parâmetro, a função pode verificar se a entrada é um vetor e depois pode convertê-lo em escalar e operar recursivamente em cada parte ou vice-versa.

Vejamos um exemplo. Considere a seguinte afirmação:

$$y = sin\ (x)$$

A declaração acima é simplesmente uma chamada à função seno do MATLAB™. Agora, se 'x' for um escalar, a saída 'y' será um escalar, se 'x' for um vetor-linha, 'y' será um vetor-linha. Se 'x' for um vetor coluna, 'y' será um vetor coluna, etc. Esta caraterística é potencialmente muito poderosa. Por exemplo, se alguém precisar de calcular a Transformada Rápida de Fourier de um vetor linha, quer certamente que a saída resultante seja um vetor linha. Da mesma forma, se alguém quiser calcular a 2D-FFT, passará uma matriz (variável 2D) para a entrada da função e espera que a resultante seja uma matriz complexa 2D com a parte abs como magnitude e a parte imaginária como fase. Esta caraterística do MATLAB™ torna-se por vezes muito confusa para os novos utilizadores.

5.1.4 Traçado

O MATLAB™ fornece muitas funcionalidades avançadas de plotagem para representação gráfica de dados. É um dos principais pontos fortes do MATLAB™. A grande facilidade e flexibilidade que oferece tornam o MATLAB™ superior a qualquer outra ferramenta/software disponível atualmente.

O MATLAB™ fornece ferramentas de visualização 2D e 3D. É possível até traçar dados unidimensionais num plano cartesiano 2D. Pode-se visualizar uma superfície com recurso de surf 3D. O MATLAB™ ainda fornece um recurso de animação bacana para visualização avançada.

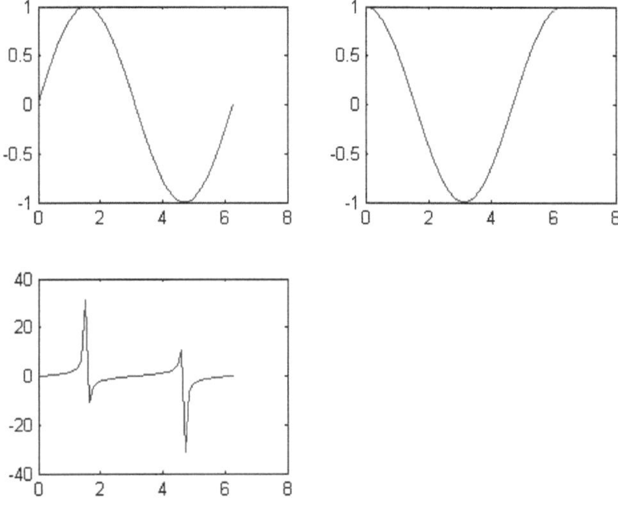

Fig. 5.4: Mostra um exemplo de plotagem 2D

Vejamos um exemplo simples da função de representação gráfica 2D:

plot (x, y)

Este comando acima é o comando de plotagem 2D do MATLAB3™. Requer dois parâmetros 'x' e 'y' na mesma ordem. Os parâmetros 'x' e 'y' têm de ter o mesmo comprimento e orientação, ou seja, se 'x' é um vetor linha, 'y' tem de ser um vetor linha ou se 'x' é um vetor coluna, 'y' tem de ser um vetor coluna ou vice-versa. Além disso, 'x' e 'y' também podem ser escalares. Se 'x' e 'y' forem matrizes de ordem $m \times n$, a função plot assume cada linha como um gráfico e traça vários gráficos no mesmo plano cartesiano.

Também se pode utilizar a instrução **hold on** para manter o traçado e traçar vários traçados na mesma figura. Para substituir a representação gráfica atual, utilize **manter desligado**. Por predefinição, a retenção está desactivada, ou seja, o traçado será substituído pela declaração de traçado seguinte até que a retenção seja utilizada ou o traçado seja representado na figura seguinte.

Capítulo 6. Metodologia proposta

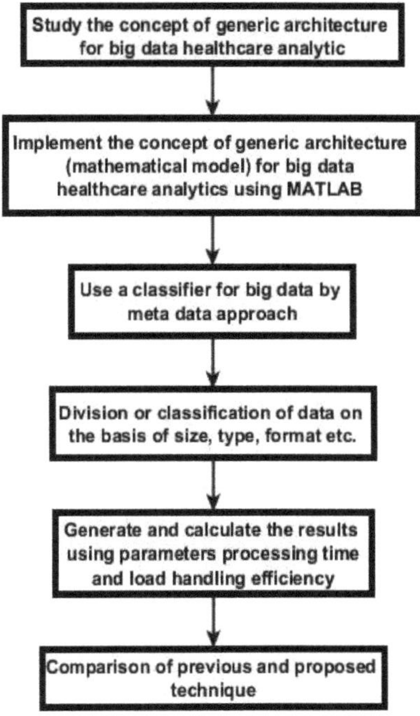

Capítulo 7. Simulação e resultados experimentais

A investigação para uma melhor análise no sector dos cuidados de saúde tem-se baseado principalmente na obtenção bem sucedida de dados com base no pacote de informações. Atualmente, é necessário acelerar o processo. Segue-se o pseudocódigo utilizado para o trabalho proposto.

Passo 1: - Considerar os centros definidos.

Passo 2: - Contar o número total de ficheiros.

Passo 3: - Para I=1: nós

New Metatag Category= Criar nova categoria (I) =M(I)// Criar uma categoria homogénea

Fim

Passo 4: - Para cada ficheiro, atribuímos-lhe um M(I) para a sua identificação no futuro

Passo 5: - Para cada ficheiro, a classificação primária é feita com base nos ficheiros de peso pesado HW e de peso leve LW, de acordo com o tamanho do ficheiro FS e o limiar de tamanho do ficheiro FST.

Passo 6: - O passo seguinte após a classificação HW e LW é a classificação com base no tamanho em mais de 4 ou 5 categorias.

Passo 7: - Neste passo da classificação, associamos ainda as meta-etiquetas previamente definidas à tabela do ficheiro, o que dá mais calcificação com base não só no tamanho do ficheiro, mas também noutros parâmetros como a data, o conteúdo, etc.

Se F(parâmetro)==M(parâmetro), então F(I)=M(I)

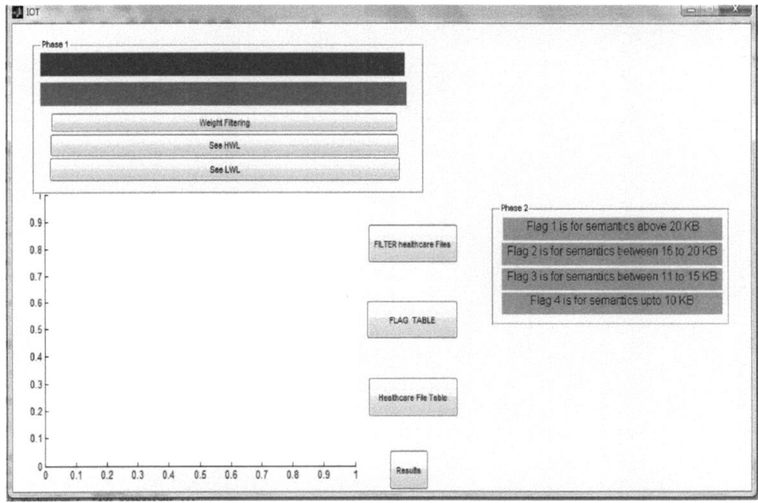

Fig. 7.1: Interface gráfica do utilizador

A interface gráfica do utilizador inicial é mostrada na Fig. 7.1; esta figura tem todos os botões de controlo que nos ajudam a executar o nosso código de simulação. A primeira fase tem três botões. O primeiro é para iniciar o filtro. O segundo é para mostrar a lista de pesos pesados e o terceiro é para mostrar a lista de pesos leves. A fase dois tem três botões. O primeiro é para filtrar a semântica do estado de saúde. O segundo é para a tabela de bandeiras e o terceiro é para a tabela de semântica da saúde. O botão de resultados é utilizado para apresentar os resultados finais.

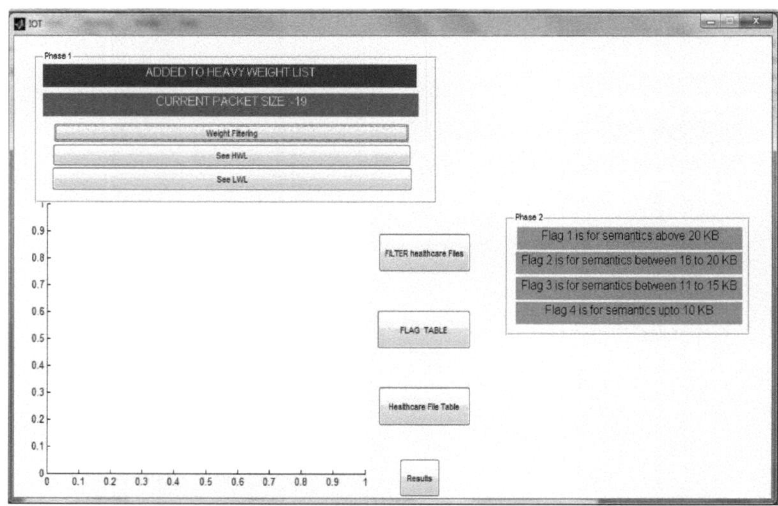

Fig. 7.2: Filtragem dos pacotes semânticos de saúde iniciais

A filtragem dos pacotes semânticos de saúde iniciais é apresentada na Fig. 7.2; esta figura mostra que os pacotes semânticos de peso leve e de peso pesado estão a ser separados com base no tamanho. Os pacotes com tamanho superior a 10 são adicionados à lista dos pacotes pesados e os pacotes com tamanho inferior a 10 são adicionados à lista dos pacotes leves.

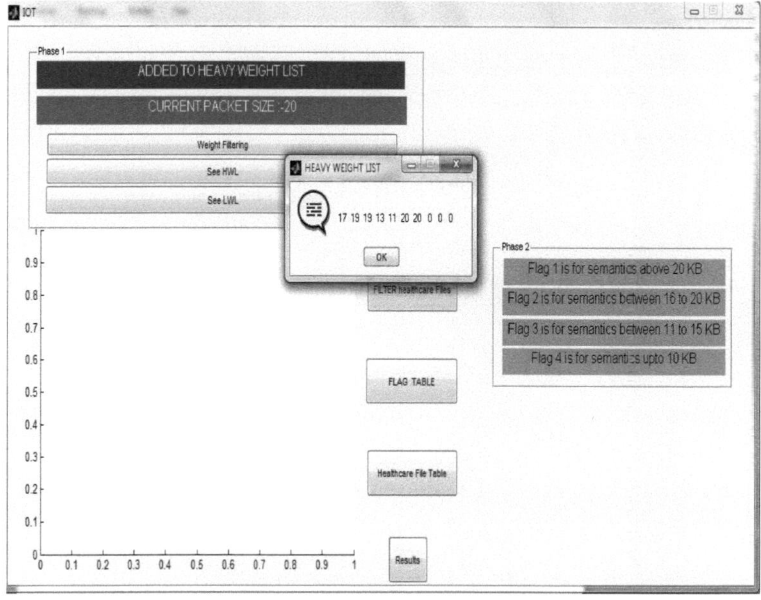

Fig. 7.3: Lista de pesos pesados

A lista de pesos pesados gerada é mostrada na Fig. 7.3. A lista de pesos pesados gerada é mostrada quando o botão Ver HWL é premido.

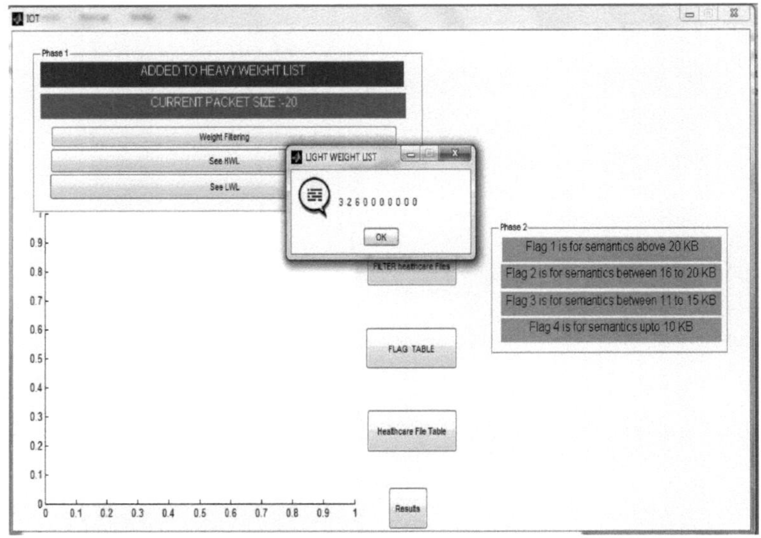

Fig. 7.4: Lista de pesos leves

A lista de pesos leves gerada é mostrada na Fig 7.4. A lista de pesos leves gerada é mostrada quando o botão Ver LWL é premido.

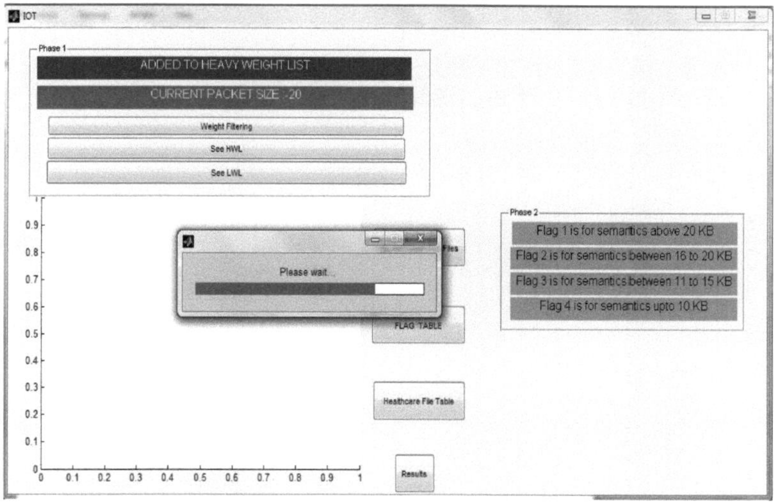

Fig. 7.5: filtragem de segundo nível da semântica

A filtragem de segundo nível da semântica em curso é mostrada na Fig. 7.5. O processamento da semântica é mostrado quando o botão filtrar ficheiros de cuidados de saúde é premido.

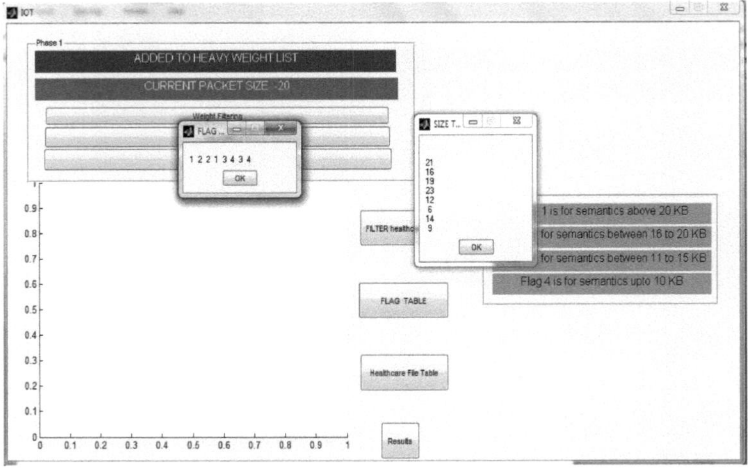

Fig. 7.6: tabela de bandeiras e tabela de dimensões semânticas

A tabela de bandeiras e a tabela de dimensões semânticas são apresentadas na Fig. 7.6. A tabela de bandeiras e a tabela de dimensões semânticas são apresentadas quando o botão da tabela de bandeiras e da tabela de ficheiros de cuidados de saúde é premido.

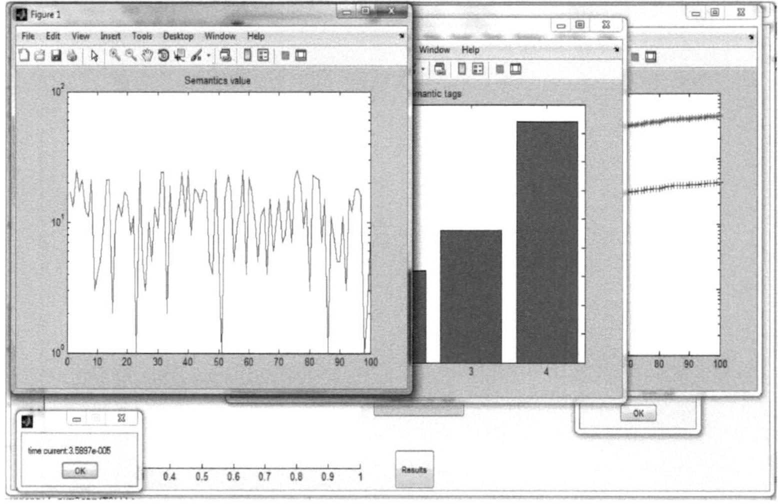

Fig. 7.7: mostra os resultados finais

Os resultados finais são apresentados na Fig. 7.7. Os resultados finais são mostrados quando o botão de resultados é premido.

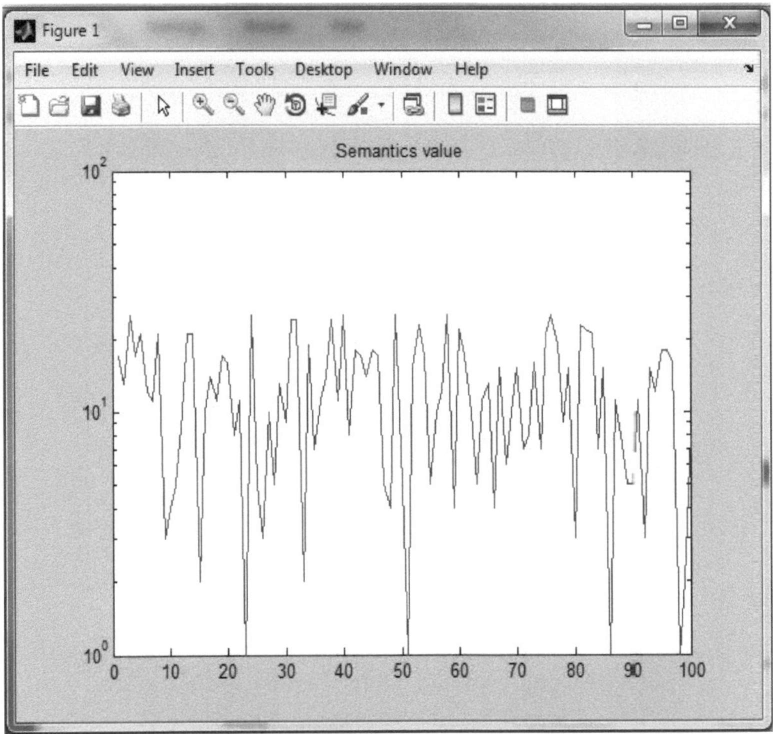

Fig. 7.8: gráfico para o valor Semântica

O gráfico do valor Semântica é apresentado na Fig. 7.8. Estes são os valores da semântica com os quais se prevêem as decisões para o comportamento da condição, para a qual se decide se o ficheiro é detectado ou não. O valor da semântica desempenha um papel importante no processo, uma vez que os valores do sinalizador Meta são atribuídos apenas com base nele.

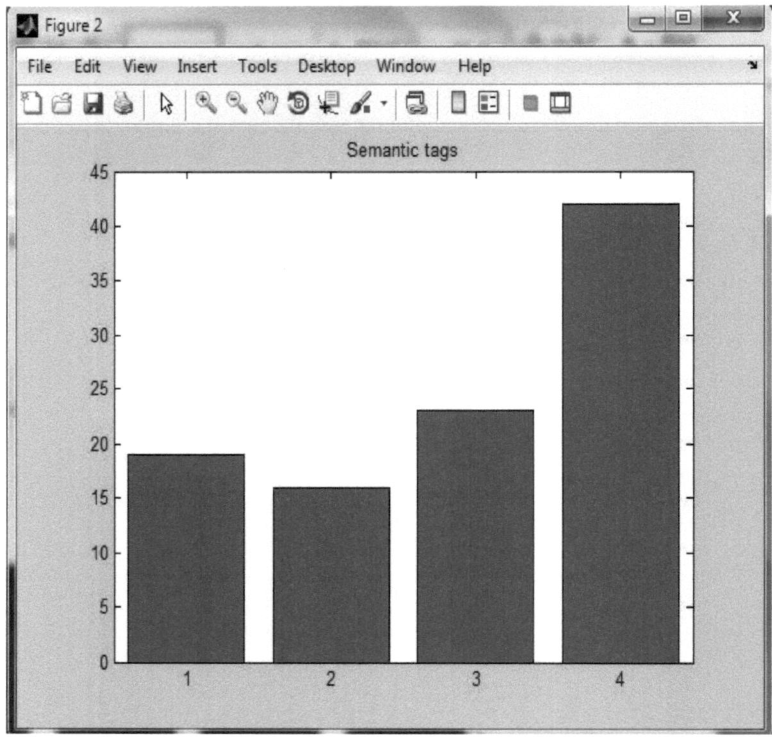

Fig. 7.9: gráfico para as etiquetas Health Semantics

O gráfico das etiquetas semânticas de saúde é apresentado na Fig. 7.9. As barras do gráfico representam o número de semânticas que se enquadram em determinadas categorias, o que ajudará a processar a tomada de decisões do sistema, que é de importância primordial.

TABLE I. Semântica da bandeira

Nome da bandeira	Semântica Valor
Bandeira 1	18
Bandeira 2	16
Bandeira 3	24
Bandeira 4	42

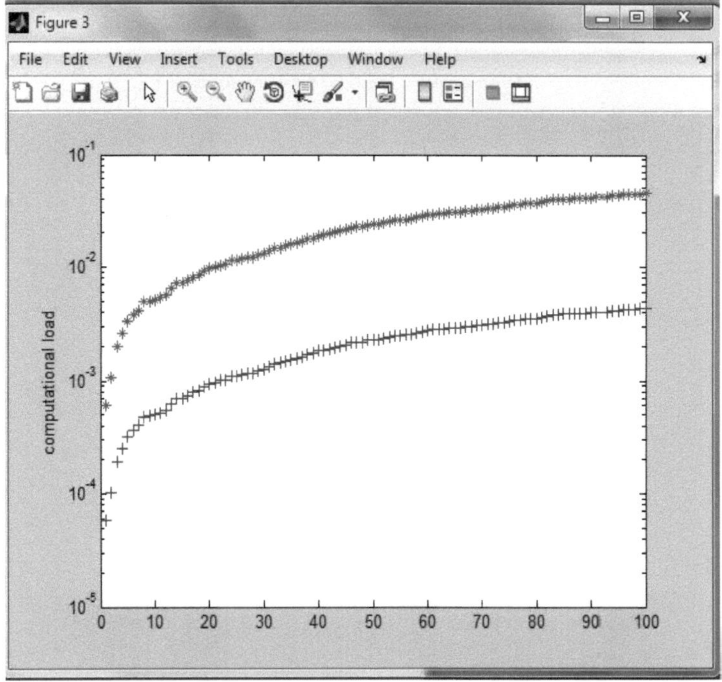

Fig. 7.10: Gráfico da carga computacional

O gráfico da carga computacional é apresentado na Fig. 7.10. Os valores de carga computacional do sistema em que a linha azul representa o sistema de deteção de ficheiros de saúde com meta-marcas utilizadas juntamente com a semântica e a linha verde representa o sistema sem o conceito de meta-marca. Devido às metatags, a eficiência do sistema é melhorada, o que é claramente previsto no gráfico.

TABLE II. Comparação da carga computacional com base no tempo de processamento

Tempo anterior	5,6454 segundos
Hora atual	3,9644 segundos

Capítulo 8. Conclusão e âmbito futuro

Utilizámos o MATLAB R2013B como ferramenta para a análise da semântica e a filtragem dos ficheiros de dados relativos aos cuidados de saúde. Em primeiro lugar, simulámos o sistema de filtragem de ficheiros para o método sem metatags, o que nos deu um certo número de observações sobre a carga do sistema. Em seguida, simulámos o sistema com o conceito de metatag, o que nos permitiu obter observações sobre a carga do sistema. Neste trabalho, tentámos tornar o acesso mais simples e mais rápido introduzindo o conceito de metatags, em que diferentes metatags são anexadas aos dados para simplificar o seu processamento. Foram comparados os métodos com e sem Metatags. Durante a comparação, o trabalho atual com as metatags revelou-se muito melhor do que o trabalho anterior em termos de carga computacional. A utilização de metatags reduz a carga de cálculo do sistema de 10 a 50 vezes mais depressa do que o trabalho anterior, o que realça a importância da gestão de dados nos sistemas que lidam com uma enorme quantidade de dados que contêm informações críticas. Apesar de o consumo de tempo aumentar em cerca de 27%, o custo é muito reduzido para o tipo de melhoramento que estamos a fazer. A partir de investigações como esta, podemos concluir a importância da meta-marcação, uma vez que reduz o custo de gestão e a carga computacional.

Âmbito futuro: O âmbito futuro desta tese pode ter um sistema mais eficiente para o processamento de dados de valores semânticos do sistema de ficheiros de saúde, utilizando a codificação de dados em vez da Meta tag.

Referências

[1] Sun, J. & Reddy, C.K.(2013). Análise de grandes volumes de dados para os cuidados de saúde. In Proceedings of the 19th ACM SIGKDD international conference on Knowledge discovery and data mining 1525-1525.

[2] Belle, A., Thiagarajan, R., Soroushmehr, S.M., Navidi, F., Beard, D.A. e Najarian, K., 2015. Análise de grandes volumes de dados nos cuidados de saúde. BioMed research international, 2015.

[3] Raghupathi, W. e Raghupathi, V., 2014. Análise de grandes volumes de dados nos cuidados de saúde: promessa e potencial. Ciência e Sistemas de Informação em Saúde, 2(1), p.3.

[4] Bates, D.W., Saria, S., Ohno-Machado, L., Shah, A. e Escobar, G., 2014. Big data in health care: using analytics to identify and manage high-risk and high-cost patients. Health Affairs, 33(7), pp.1123-1131.

[5] Archenaa, J. e Anita, E.M., 2015. Um inquérito sobre a análise de grandes volumes de dados nos cuidados de saúde e na administração pública. Procedia Computer Science, 50, pp.408-413.

[6] Raj, P., Raman, A., Nagaraj, D. e Duggirala, S., 2015. Big Data Analytics for Healthcare. Em High-Performance Big-Data Analytics (pp. 391-424). Springer International Publishing.

[7] Nambiar, R., Bhardwaj, R., Sethi, A. e Vargheese, R., 2013, outubro. Um olhar sobre os desafios e oportunidades da análise de big data na área da saúde. Em Big Data, 2013 IEEE International Conference on (pp. 17-22). IEEE.

[8] Blount, M., Ebling, M.R., Eklund, J.M., James, A.G., McGregor, C., Percival, N., Smith, K. e Sow, D., 2010. Análise em tempo real para cuidados intensivos:

desenvolvimento e implementação do sistema analítico artemis. Revista IEEE Engineering in Medicine and Biology, 29(2), pp.110-118.

[9] Blount, M., McGregor, C., James, A., Sow, D., Kamaleswaran, R., Tuuha, S., Percival, J. e Percival, N., 2010, novembro. Sobre a integração de um sistema de artefactos e um sistema de análise de cuidados de saúde em tempo real. In Proceedings of the 1st ACM International Health Informatics Symposium (pp. 647-655).ACM.

[10] Garg, M.K., Kim, D.J., Turaga, D.S. e Prabhakaran, B., 2010, março. Análise multimodal de fluxos de dados de redes de sensores corporais para cuidados de saúde em tempo real. In Proceedings of the International Conference on Multimedia information retrieval (pp. 469-478).ACM.

[11] Duan, L., Street, W.N. e Xu, E., 2011. Sistemas de informação na área da saúde: métodos de extração de dados na criação de um sistema de recomendação clínica. Sistemas de Informação Empresariais, 5(2), pp.169-181.

[12] Jiang, P., Winkley, J., Zhao, C., Munnoch, R., Min, G. e Yang, L.T., 2016. Um encaminhador de informação inteligente para sistemas de big data de cuidados de saúde com sensores portáteis distribuídos. Revista de sistemas do IEEE, 10(3), pp.1147-1159.

[13] Mukherjee, A., Pal, A. e Misra, P., 2012, setembro. Análise de dados em sistemas de informação de saúde baseados em sensores ubíquos. Em Next generation mobile applications, services and technologies (NGMAST), 2012 6th international conference on (pp. 193-198). IEEE.

[14] Liu, S.S. e Chen, J., 2009. Using data mining to segment healthcare markets from patients' preference perspectives. Revista internacional de garantia da qualidade dos cuidados de saúde, 22(2), pp.117-134.

[15] Dogac, A., Laleci, G.B., Kabak, Y., Unal, S., Heard, S., Beale, T., Elkin, P., Najmi, F., Mattocks, C., Webber, D. e Kernberg, M., 2006. Explorando o registo ebXML construções semânticas para tratar metadados de arquétipos na informática dos cuidados de saúde. Revista Internacional de Metadados, Semântica e Ontologias, 1(1), pp.21-36.

[16] Bång, M., Larsson, A. e Eriksson, H., 2004. Requisitos de conceção para ambientes de computação ubíqua para profissionais de saúde. No 11º Congresso Mundial de Informática Médica. MEDINFO 2004. 2004, 2-5 de setembro, São Francisco, EUA (pp. 1416-1420). AMIA.

[17] Toninelli, A., Montanari, R. e Corradi, A., 2009. Enabling secure service discovery in mobile healthcare enterprise networks. IEEE Wireless Communications, 16(3).

[18] Bergmann, J., Bott, O.J., Pretschner, D.P. e Haux, R., 2007. Uma arquitetura de sistema de CDI partilhado baseado no consentimento eletrónico para redes integradas de cuidados de saúde. Revista internacional de informática médica, 76(2), pp.130-136.

[19] Srinivasan, U. e Arunasalam, B., 2013. Tirar partido da análise de grandes volumes de dados para reduzir os custos dos cuidados de saúde. Profissional de TI, 15(6), pp.21-28.

[20] Gandomi, A. e Haider, M., 2015. Para além do hype: Big data concepts, methods, and analytics. Revista Internacional de Gestão da Informação, 35(2), pp.137-144.

[21] Archenaa, J. e Anita, E.M., 2015. Um inquérito sobre a análise de grandes volumes de dados nos cuidados de saúde e na administração pública. Procedia Computer Science, 50, pp.408-413.

[22] Chawla, N.V. e Davis, D.A., 2013. Trazer os grandes dados para os cuidados de saúde personalizados: uma estrutura centrada no paciente. Jornal de medicina interna geral, 28(3), pp.660-665.

[23] Hu, H., Wen, Y., Chua, T.S. e Li, X., 2014. Rumo a sistemas escaléveis para análise de grandes volumes de dados: Um tutorial de tecnologia. Acesso IEEE, 2, pp.652-687.

[24] Zhang, Y., Qiu, M., Tsai, C.W., Hassan, M.M. e Alamri, A., 2017. Health-CPS: Sistema ciber-físico de cuidados de saúde assistido por nuvem e big data. IEEE Systems Journal, 11(1), pp.88-95.

[25] Tene, O. e Polonetsky, J., 2012. Big data para todos: Privacidade e controle do utilizador na era da análise. Nw. J. Tech. & Intell. Prop., 11, p.xxvi.

[26] Wikipédia. 2017. Big data - Wikipédia. [ONLINE] Disponível em: https://en.wikipedia.org/wiki/Big_data#Characteristics. [Acedido em 07 de março de 2017].

[27] Russom, P., 2011. Análise de grandes volumes de dados. Relatório de melhores práticas da TDWI, quarto trimestre, pp.1-35.

[28] Kayyali, B., Knott, D. e Van Kuiken, S., 2013. The big-data revolution in US health care: Accelerating value and innovation. Mc Kinsey & Company, pp.1-13.

Printed by Books on Demand GmbH, Norderstedt / Germany